JN418361

CREATIVE MARKETERS

역발상으로
성공한
창의적 마케터들

박형진 · 양석준 공저

비즈프라임

▌저자약력

➥ 박형진

- 2008년 5월 현재 University of Tennessee at Martin에서 조교수
- 2003년 8월 University of Tennessee at Martin 조교수로 임용
- 2002년 6월 하나님을 절대적으로 신뢰하고 그의 뜻에 따르기로 함
- 2000년 1월 한국에서 취직도 안 되고 고학력 실업자로 있다가 미국으로 향함. 그 후 2년 반 동안 아무런 실적도 못 내고 있었음
- 1999년 8월 서울대학교에서 박사학위 취득, 그 후 6개월간 거의 실업자로 생활함
- 1995년 3월 하나님께서 나에게 주신 나의 사랑스러운 아내와 결혼
- 1994년 1월 11일 하나님의 선물인 나의 아내를 처음 만남

➥ 양석준

- 2008년 5월 현재 상명대학교 경영학부 전임강사
- 2007년 3월 상명대학교 경영학부 전임강사 임용
- 2006년 3월 경성대학교 경영학부 전임강사 임용
- 2005년 2월 서울대학교에서 박사학위 취득
- 1999년 1월 2000년 2월 ㈜롯데 쇼핑 마그넷(현 롯데마트) 사업부 신선식품 A/S 바이어
- 1999년 2월 서울대학교 대학원 경영학과 석사 학위 취득
- 1996년 8월 서울대학교 농화학과 졸업

인 지

역발상으로 성공한 창의적 마케터들

초　판 : 1쇄 인쇄: 2008년 7월 25일
초　판 : 1쇄 발행: 2008년 7월 30일

지 은 이 : 박 형 진 · 양 석 준
펴 낸 이 : 전 두 표
펴 낸 곳 : 도서출판 두남
주　소 : 서울시 강동구 성내 1동 455-12 두남빌딩
등　록 : 제2-624호(1988.7.21)
전화번호 : 478-2066/2067/2311
팩스번호 : 478-2068
전자우편 : dunam1@unitel.co.kr
홈페이지 : http://www.dunam.co.kr

가격 : 10,000원

ISBN 978-89-8404-941-3 03320

저자 서문

치열한 생존경쟁 속에서 살아남기 위한 마케팅 전략이 어느 때보다 중요한 화두로 떠오르고 있다. 우리는 남들이 미처 생각하지 못한 역발상적 아이디어로 불리한 조건을 극복한 사람들을 '창의적 마케터(creative marketer)'라고 부른다. 이들의 창의력 넘치는 마케팅 사례들을 모아 본다.

이 책에서 다루고 있는 '창의적 마케터'를 줄여서 '창마'라고 부를 수 있겠다. 지금의 우리 사회는 '창마'가 필요한 사회이다.

'창마'는 '천리마'와 같이 세계시장을 누비며 한국의 미래를 위해 뛰는 사람들의 집단으로 새로운 시장을 개척하고 사회를 변화시키며 어려움에 빠져 있는 기업들을 회생시키는 그야말로 현대사회의 핵심일꾼 집단이다.

우리의 책 ‘창마’는 그냥 읽고 마는 그런 책이 아니다. 실제로 이 책을 읽는 독자 자신들의 일터(기업, 정부기관, 학교 등)에서 본인이 맡고 있는 업무에 창의적 마케팅의 아이디어를 적용시켜 볼 수 있는 책이다.

각자 자기의 일터에서 자신들의 제품이나 서비스에 대한 가치를 새롭게 생각해 보고 더 높은 가치를 창출하는 데 있어서 자기자신이 기존과 다르게 무엇을 할 수 있을 것인가를 생각할 수 있는 계기를 만들어 주고자 이 책을 집필하였다.

차 례

저자 서문 03

01 남들보다 5배 매출을 올렸던 어느 선식업체 사장님(1) 7
02 남들보다 5배 매출을 올렸던 어느 선식업체 사장님(2) 11
03 IMF시대의 한 백화점 13
04 정주영 회장의 자동차 수리공장 17
05 일본 사과농장 이야기 21
06 장난꾸러기 톰의 꾀 25
07 캠벨포도 판매 이야기 29
08 무농약 대파 비싸야 한다. 33
09 고객이 원하는 것을 읽어라 37
10 중국인 푸대접한 설렁탕 41
11 인스턴트 커피 판매전략 45
12 '가격이 싸다'는 의미 49
13 고객의 마음을 읽어라 53

14 코카콜라 이야기 57
15 관습 가격 61
16 유엔묘지 단장공사 65
17 아스피린의 민감한 대응 69
18 1등만이 살아남는다 73
19 프링글즈의 차별화 전략 77
20 생판학과 판생학 81
21 약자의 경쟁 전략 85
22 창의적 마케터는 윈윈 (Win-Win)을 생각한다 89
23 고객의 불만은 새로운 시장 93
정답 97
책을 다 읽고 나서 111

01
남들보다 5배 매출을 올렸던 어느 선식업체 사장님(1)

A마트 XX점에서 있었던 이야기다. 당시 매장에 선식(현미, 찹쌀, 검정콩, 검정깨, 율무 등을 섞어 갈아서 물 또는 우유에 타서 먹는 것)코너를 입점시킬 것인지를 두고 고민하고 있었다. 왜냐하면 이웃한 백화점에 선식코너가 있었는데 매출이 너무 낮아 쫓겨났다는 것이다.

그러던 중 한 선식업체 사장이 매장에서 특별한 장소를 할당해 달라는 부탁을 해왔다. 바로 1층에서 지하의 식품매장으로 내려가는 방향의 에스컬레이터 아래였다. 그런데 이상한 것은 그 사장이 원하는 매장자리는 아무도 들어가려 하지 않는 자리였다. 어차피 원하는 사람이 없었으므로 A마트 측은 그 자리를 선선히 내주었다.

그런데 첫 달에 그 업체는 무려 1억5천만원의 매출을 올렸다. 당시 다른 매장의 선식 매출이 한 달에 3,000만원 정도였으니 대단한 실적이었다. 처음엔 한 달 반짝 매출이 높을 수도 있겠지 하던 것이 또 다음 달에는 1억3천만원의 매출을 올렸던 것이다.

과연 그 선식업체는 어떻게 해서 이처럼 엄청난 매출을 올릴 수 있었을까? 다음 몇 가지의 질문을 통해 정답을 알아보기로 하자.

선식업체 사장은 왜 아무도 원하지 않는 곳을 매장으로 달라고 했을까?

✎ 여러분이 생각하는 답을 적어보세요

____

____

____

____

➠정답은 97페이지에

교훈

판매업에서 매장의 위치는 매우 중요하다. 가장 중요한 선택 조건은 고객의 이목을 끄는 것이다. 소리를 내 귀[耳]를 끌든가 아니면 볼거리를 주어서 눈[目]을 끌어야 한다. 이 사실은 우리 모두가 아는 상식이다. 따라서 지하로 내려오면서 눈에 보이지 않는 곳, 고객의 이목을 끌 수 없어 매장의 가치가 없어 보인다. 선식업체 사장은 그 약점을 딛고 냄새를 이용해 고객을 끌어 들였다. 즉 고객의 코[鼻]를 겨냥했던 것이다. 사실 일반인들이 잘 모르는 사람들의 주의를 끄는 방법은 매우 많다.

응용문제

어느 향수업체 사장이 사업을 시작한 뒤 고민에 빠졌다. 아무리 해도 고객들이 자기 회사 제품에 관심을 기울이지 않는 듯했다. 그래서 사장은 묘안을 내어 고객의 관심을 끌었다. 어떻게 했을까?

향수를 매장으로 운반해 가는 도중에 실수하는 척 하면서 병에 담긴 향수를 바닥에 일부러 쏟아버렸다. 사람들이 그 향수 냄새를 맡고는 '아니 이 향수가 대체 어느 회사 것이지?' 하면서 제품에 관심을 보였고 그 뒤 향수의 판매가 늘어났다.

02
남들보다 5배 매출을 올렸던 어느 선식업체 사장님(2)

A마트 XX점에서 남들이 꺼리는 에스컬레이터 바로 밑의 자리에 입점하여 한 달에 1억 5000만원의 매출을 올린 첫 회 선식업자 이야기의 계속이다. 그 선식업자는 과감한 위치 선정에 이어 판매에서도 남들과는 다른 아이디어를 채택하여 매출을 더욱 많이 올릴 수 있었다.

그 선식 매장의 판매사원은 대부분의 백화점이나 할인점에서 근무하는 선식판매사원과는 전혀 달랐다고 한다. 어떤 사원들이 그 선식매장을 맡아서 운영을 했을까?

✎ 여러분이 생각하는 답을 적어보세요

➠정답은 97페이지에

응용문제 1

유명 백화점의 매장 입구에서 고객들을 위해 문을 열어주는 직원이 있다. 어떤 사람들을 그 곳에 배치해야 할까?

20대의 '꽃미남'들을 배치해야만 한다. 이유는 앞에서 말한 선식매장의 판매사원과 같은 종류의 설명이 가능하다. 한가지의 사례를 알면 유사한 곳에 적용해 볼 수 있으므로 창의적인 마케팅 활동을 적극적으로 배워나갈 수 있다.

응용문제 2

미국의 월마트 매장 입구에서 고객들을 처음으로 맞이하는 사람이 있다. 어떤 사람이며 왜 그럴까?

월마트에서는 직장에서 퇴직한 어르신들이 손님에게 인사를 하며 맞아들이고, 매장을 안내하며 여러 가지 도움을 주고 있다. 월마트 측은 고객들이 할아버지들의 친절함과 다정함을 좋아한다는 것을 알고 이를 실천에 옮긴 것이다.

03
IMF시대의 한 백화점

IMF로 한국기업들이 한창 어려웠을 때였다. G백화점도 사정이 마찬가지였다. 그 백화점은 할인점도 함께 운영하고 있었는데, 다행히 할인점은 장사가 다소 나았다. 그런데 경기도의 한 점포에서 큰 문제가 발생했다. 바로 길 건너편에 세계 2위 소매업체인 외국계 C할인점이 문을 열게 되었던 것이다. 그 개점 소식에 G할인점 직원들은 절망할 수밖에 없었다. 엄청난 자본으로 홍보나 개점 행사에 많은 돈을 투자할 수 있는 C할인점에 비해, 부도위기에 처해있는 G할인점은 취할 수 있는 대책이 없었다.

대책회의를 잇달아 했지만 C할인점의 공세를 막을 길

은 막막했다. 결국 최소한의 대응 행사만으로 C할인점의 개점일을 맞게 되었다. 첫날의 결과는 G할인점 매출이 전주 대비 30% 하락한 것으로 나타났다. 그날 오후 G할인점은 다시 회의를 열었으나 아무런 대책을 내놓지 못했다. 이에 상심한 점장은 회의를 마치자마자 조용히 사라졌다. 그런데 그 다음날 그 점장은 아주 간단한 방법으로 G할인점의 매출을 다시 끌어올렸다. 과연 어떻게 했을까.

✎ **여러분이 생각하는 답을 적어보세요**

____

____

____

____

➠정답은 98페이지에

교훈

만일 IMF 때가 아니었다면 이 작전이 성공했을까. 여기서 우리는 단순히 제품이 뛰어나다든가 가격이 저렴하다든가 하는 것 외에 시대와 환경을 이용하는 마케팅이 얼마나 효율적인지를 잘 알 수 있다.

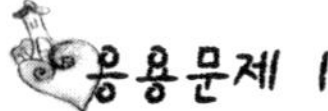

응용문제 1

애국심에 호소하는 사례는 미국에서 월마트도 한때 사용한 적이 있었다. 어떤 것이었을까?

월마트는 1985년 3월 '미국상품 구매운동 (Buy American)'이란 프로그램을 시행하였다. 그 당시 외국의 제품들이 미국으로 들어옴으로써 미국 내의 많은 제조업자들이 어려움에 빠지게 되었다. 이때 월마트는 미국 제조업체가 만든 제품을 구매하여 자신의 매장에 진열함으로써 미국사람들의 애국심에 호소하는 마케팅을 수행하였다.

응용문제 2

코카콜라는 어느 나라 회사인가. 지난번 월드컵에서 코카콜라는 어느 나라를 응원하였는가?

코카콜라는 미국에서 설립된 회사다. 지금은 글로벌컴퍼니로 성장하였고, 지난번 월드컵에서는 대한민국을 응원하였다.

한때 8·15 콜라도 애국심에 호소한 마케팅으로 큰 성공을 거둔 적이 있었다. 그러나 이처럼 애국심에 호소한 마케팅은 그리 오래 지속되지 않는다는 것을 명심해야 한다. 8·15콜라가 몇 년도 안가 결국 시장에서 퇴출되고 만 사례에서 우리는 애국심에 호소한 마케팅만으로는 지속적인 성공을 보장하지는 못한다는 것을 알 수 있다.

04

정주영 회장의 자동차 수리공장

현대를 세계적인 그룹으로 키운 고 정주영 명예회장의 이야기다. 1940년, 정 회장은 '적은 자본을 가지고 할 수 있는 사업이 무엇일까' 생각하며 이것저것을 물색하고 다녔다. 그러다가 이을학이라는 사람을 만났는데, 그가 아현동 고개에 있는 '아도서비스'라는 자동차 수리공장을 맡아서 해보라고 권했다.

정 회장은 솔깃해서 그 제안을 받아들였다. 영업을 시작한 한 달 뒤, 한 직원이 손 씻을 물을 데우려고 시너를 불에 던지다가 실수하는 바람에 불이 나 공장은 물론 수리를 끝낸 손님 자동차들까지 몽땅 타버리고 말았다. 외상으로 들여놓았던 부속품값에 변상해야 하는 자동차

값으로 빚은 눈덩이처럼 불었다.

정 회장은 이미 돈을 빌려 쓰고 있던 오윤근 영감님이란 분을 다시 찾아가서 불의의 화재로 모든 게 다 타버렸으며, 이대로 주저앉으면 빚을 못 갚게 생겼으니 갚을 수 있도록 자금을 더 빌려달라고 사정했다. 단 한 번도 담보를 잡고 돈을 빌려 준 적이 없고, 또 단 한 번도 떼인 적이 없는 것이 자랑거리였던 그 분은 "그래, 내 평생에 사람 잘못 보아 돈 떼였다는 오점을 남기고 싶지 않으니 다시 더 빌려 주겠네" 하면서 돈을 내주었다.

잿더미가 된 바로 그 자리에 다시 공장 허가를 받으려 했지만 조건이 너무 까다로웠다. 그래서 50명의 종업원을 데리고 신설동 뒷골목 빈터로 옮겨 다시 일을 시작했다. 그 때 서울엔 황금정 6정목(을지로 6가)의 경성서비스, 혜화동 로터리의 경성공업사, 종로 5정목의 일진공작소가 꽤 큰 규모로 자동차 수리를 하고 있었다. 그들은 간단한 고장도 고치기 어려운 고장인 척 날짜를 길게 잡고 수리비를 많이 청구하곤 했다.

그런데 정 회장은 영업 방식을 달리 했다. 그랬더니

서울 장안의 고장난 차는 모조리 신설동에 있는 정 회장의 정비소로 몰려들었다. 어떻게 했을까?

✎ 여러분이 생각하는 답을 적어보세요

➠정답은 98페이지에

이론 고객의 평가기준(evaluation criteria)을 파악해야 한다. 당시 고객들은 자동차 수리점을 평가할 때 가격요소보다 신속성에 더 높은 평가를 주고 있었다. 정주영 회장은 경쟁사보다 더 빠르게 자동차를 수리해줌으로써 고객을 불러 모을 수 있었다. 고객의 평가기준을 파악하여 활용한 예라고 하겠다.

제안

지금 여러분의 회사 또는 기관에서 판매하는 제품이나 서비스에 대해 고객들이 평가하는 기준이 어떤 것인지 표로 만들어 보면 어떨까?

05

일본 사과농장 이야기

일본 아오모리현은 사과 산지로 유명한 곳이다. 그런데 어느 해 큰 태풍이 마을을 덮쳐 많은 사과가 익기도 전에 떨어져 버렸다. 그나마 나무에 붙어있는 사과도 맛이 덜했다. 농부들은 그야말로 걱정이 태산이었다. 수확량이 줄어들어 수익도 그 전 해에 비해 줄 수밖에 없었기 때문이었다.

그런데 한 농부가 나무에 붙어있는 적은 양의 사과를 판매하는 방식에 대해 매우 창의적인 아이디어를 냈고, 그대로 실행하여 대성공을 이루었다. 그에 힘입어 태풍으로 사과 수확량은 매우 저조했지만 수익은 그 전 해와 비슷한 액수를 올릴 수 있었다. 과연 농부의 창의적인 아이디어는 어떤 것이었을까?

✎ 여러분이 생각하는 답을 적어보세요

➠정답은 98페이지에

교훈

제품은 고객에게 가치가 있어야 팔린다. 그렇다면 우리가 가진 제품의 가치가 무엇인지 알아야 한다. 그런데 우리는 종종 제품의 가치를 평가할 때 고정관념의 틀에서 벗어나지 못한다. 아오모리현의 경우에서 보듯이, 대부분의 농부들은 사과의 가치를 '맛'에 둔다. 태풍 때문에 사과의 '맛'이 떨어져 버렸으니 상품가치가 떨어졌다고 생각하는 것도 당연하다. 그러나 그것이 바로 고정관념이다.

사과가 다른 가치를 가질 수 있음을 이 사례는 보여준다. 대학입시라는 이벤트와 연결되면서 태풍에도 떨어지지 않았던 사과는 엄청난 가치를 갖게 된다. 이처럼 창의적인 마케터는 고정관념을 넘어서서 보통사람이 생각하지 못하는 다른 것을 생각한다.

제안

지금 여러분의 회사 또는 기관에서 제공하는 제품이나 서비스는 어떤 가치를 가지고 있는가. 일반적으로 생각하는 가치 외에 또 다른 가치는 없는지 각자 생각해보자.

06
장난꾸러기 톰의 꾀

소설 「톰소여의 모험」에 나오는 이야기다. 장난꾸러기 톰은 큰 잘못을 저질러 이모에게서 화창한 토요일에 담장 전체를 혼자 페인트칠하라는 벌을 받는다. 톰의 눈에 담장은 너무 넓어 보였다. 더구나 친구들이 와서 자신을 비웃을 것이 뻔했다. 톰은 이 상황을 창의적으로 해결한다.

친구들이 올 무렵에 톰은 담장 칠하는 것이 무척 재미있다는 듯이 일을 시작했다. 마침내 친구들이 톰 근처에 모인다. 무척이나 재미있게 보이는 담장 페인트칠. 결국 친구들은 말한다. "톰, 나도 잠깐 해보자." 톰은 당장이라도 시키고 싶지만 꾹 참는다. "안돼. 이 울타리는 이모가 굉장히 신경을 쓰시거든. 이걸 솜씨 좋게 칠할 수 있는 사람은 1천명이나 2천명 중 한 사람밖에 없을 거야." "정말? 나도 한번만 해보게 해줘, 이 사과 한입 줄게." "그래? 그렇다면… 아니, 역시 안 되겠어." "통째로 다 줄게." "그래, 그럼 이거 한 개만 칠해봐."

톰은 이런 방식으로 친구들에게 일을 시켰다. 반나절이 지날 무렵 톰은 친구들이 가져다준 선물더미와 함께 두 번이나 칠이 된 담장 앞에서 쉬고 있을 수 있었다. 톰은 자신의 일을 남들이 즐겁게 대신하도록 생각한 방법을 실행하여, 가장 효율적으로 목표를 달성했던 것이다. 마크 트웨인은 이 소설을 1876년에 발표했다. 130여 년이 흐른 지금 인터넷 속에서 우리는 이 같은 「톰소여의 지혜」를 활용한 기업을 많이 볼 수 있다. 어떤 기업들일까?

✎ 여러분이 생각하는 답을 적어보세요

____

____

____

____

➠정답은 99페이지에

교훈

고객의 힘을 빌려 자신의 일을 대신하도록 하는 것. 이것을 마케팅에서는 「고객 참여」라고 한다. 인터넷 시대에 고객들의 참여가 점차 활발해지고 있다. 이제 기업 혼자 힘으로 어떤 목표를 달성하려 하는 것은 고객 참여라는 바람이 부는데도 배에 돛을 달지 않고 노만 저어 목적지로 가겠다는 것과 같다. 고객 참여라는 바람을 조정할 돛을 다는 것이 효율적인 마케팅 방식이 될 수 있다.

응용문제

독자가 책상이나 식탁 위에 놓는 장식품들을 생산하는 중소기업의 마케팅 담당자라고 하자. 이 제품군의 문제는 한번 만들려면 1,000개 이상은 생산을 해야 적정한 가격에 팔 수 있는데, 제품들이 시장에서 안 팔리는 경우가 많다고 한다. 디자인 중심의 제품이므로 자칫하면 모두 폐기해야 한다. 비용 때문에 새롭게 기획하는 모든 제품에 대해서 소비자 설문조사를 할 수도 없다. 이 문제를 어떻게 극복하겠는가.

웹사이트에서 제품을 판매할 수 있도록 한다. 웹사이트에 제품의 디자인을 올려놓고 고객들이 많이 사겠다고 하는 제품군만 선별하여 생산토록 한다. 실제로 일본의 Tanomi.com이라는 사이트는 제품 디자인을 사이트에 올려놓고, 먼저 가주문을 받는다. 결국 최소 생산단위가 넘는 주문을 받은 제품만 생산하게 된다. 이런 고객 참여 구매 시스템을 통하여 Tanomi.com은 중소기업의 신제품 제조에 따른 실패율을 0으로 바꾸어 놓고 있다.

07
캠벨포도 판매 이야기

A 할인점의 이야기이다. 우리는 캠벨 포도를 100g 단위로 무게를 달아서 248원에 판매하고 있었다. 그런데, 어느 날 경쟁 할인점은 A 할인점보다 무려 40%나 싸게 팔겠다고 알렸다. 당시 그 포도의 이익률은 겨우 9%였다. 40% 싸게 팔려면 무려 30% 이상 손해보고 팔아야 하는 상황이었다. 하지만, 경쟁사는 그러고서도 이익을 내고 있었다. 어떻게 포도의 가격을 그처럼 획기적으로 낮출 수 있었을까?

경쟁사는 A 할인점과는 다른 판매 방식으로 포도를 판매하였다. 그들은 캠벨 포도를 5kg 박스에 담아 7,800원에 판매하고 있었다. 이를 100g으로 환산하면 156원이 된다.

그렇다면 5kg박스에 담아 파는 것이 어떻게 판매가격을 획기적으로 낮추어 줄 수 있을까?

✎ 여러분이 생각하는 답을 적어보세요

____

____

____

____

➠정답은 99페이지에

여기서 떠오르는 의문이 있다. 박스에 담아 팔면 판매가격을 낮출 수 있는 것은 당연한데 포도를 한두 송이씩 구매하던 고객이, 왜 갑자기 5kg짜리 포도 박스를 구매하기 시작했을까?

✎ 여러분이 생각하는 답을 적어보세요

____

____

____

____

➠정답은 100페이지에

교훈

창의적 마케터가 되기 위해서는 먼저 어떻게 하면 원가를 절감할 수 있을까를 잘 알아야 한다. 그런데 원가절감 방법만 알아서는 창의적 마케터가 될 수 없다. 그 원가절감 방법이 고객의 욕구와 맞아떨어져야지만 효과가 있는 것이다. 앞의 예에서 보듯이 포도를 박스에 넣어서 팔면 원가가 절감된다는 사실은 많은 사람이 생각해 낼 수 있는 것이다. 그러나 만약 고객들이 포도를 박스로 사지 않고 100g당 얼마 식으로 사고자 한다면 포도를 박스로 판매하는 것은 성공하지 못했을 것이다. 창의적 마케터는 고객의 변화를 예의주시하고 이에 맞춘 원가절감 방법을 개발해 내는 것이다.

사우스웨스트 항공도 이런 예에 속한다. 그들은 고객들이 비행기 내에서 기내식과 같은 부가서비스 대신 싼 가격의 항공권을 원하는 쪽으로 변화하고 있음을 파악하고 기내식을 없애버림으로써 원가를 절감할 수 있었던 것이다.

08
무농약 대파 비싸야 한다

큰 태풍이 불고 비가 많이 내려 야채 가격이 무척이나 올랐던 어느 날, 한 할인점 농산물 담당 바이어가 회사의 매장들을 둘러보고 있었다. 서울 근교의 어느 매장에 들렀을 때, 상당히 재미있는 것을 보게 되었다. 야채 매장에서 일반 대파(농약 친 대파)를 무농약 대파와 나란히 놓고 팔고 있었다. 친환경 상품은 원래 일반 상품과 따로 진열을 해야 하기에, 지적을 하려다 더욱 재미있는 장면을 보게 되었다. 일반 대파는 한 단 가격이 1,280원인데, 무농약 대파는 훨씬 싼 980원으로 붙여 놓았다. 하도 이상해서 담당자에게 그 이유를 물었다.

"무농약 대파는 저희 농장 생산품인데 이번 태풍에 피해가 없어서 예전 같이 980원을 받고 있습니다. 그런데 일반 대파는 가락시장에서 사오는데, 도매가격이 너무 비싸서 780원에 팔던 것을 1,280원으로 올렸습니다."

"그러셨군요. 그런데 두 상품을 왜 같이 진열하고 있는지요?"

이 말에 대한 대답이 참 재미있었다. "이 동네 사람들 교육 좀 시키려고요. 이번 기회에 무농약 대파를 드셔보라고 가격을 안올렸는데 매출이 늘기는커녕 평소의 절반으로 줄었어요. 아무래도 손님들이 잘 몰라서 그런 것 같아, 안 되는 줄 알면서도 일반 대파랑 같이 진열했습니다. 그래도 매출은 평소의 절반 정도예요. 이렇게 같이 진열까지 했는데…. 싱싱한 무농약 대파를 안 사가니 사람들 눈이 다 멀었나 봐요."

그러나 담당자의 말과는 달리 그 동네는 고객들이 까다롭기로 유명한 곳이었다. 이 말을 들은 바이어는 한 가지 조치를 취하고 그 매장을 떠났다. 그러자 무농약 대파의 매출이 평소 수준으로 증가하는 것이 아닌가. 그 바이어는 어떤 일을 했을까?

✎ 여러분이 생각하는 답을 적어보세요

➠정답은 100페이지에

이론 마케팅에서는 이러한 가격을 '수요점화 가격', 혹은 '품질불안 가격'이라고 부른다. 가격이 너무 싸면 오히려 불안해하는 것이다. 이와 유사한 예는 무척 많다. 유명한 샤넬 향수를 할인점에서 삼천원에 팔면 어떨까? 향수의 원가는 판매가에 비해 무척 싸다. 하지만 샤넬 향수를 삼천원에 팔면 다들 가짜라며 사지 않을 것이다. 최소 몇 만원은 되어야 안심한다. 생산 비용이 낮다고 싸게 파는 것이 좋지만은 않다. 고객들을 절대 혼란하게 하거나 불안하게 해서는 안 된다는 것을 수요점화 가격 이론은 말해주고 있다.

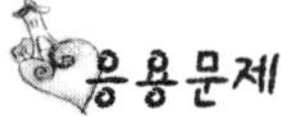

최근 새로운 브랜드의 "초저가" 화장품들이 많이 팔리고 있다. 일반적으로 보면 수요점화 가격 이하로 판매되는 경우가 많다. 이러한 상품은 어떻게 해서 잘 팔릴까?

새로운 초저가 브랜드들은 대부분 초기에 왜 그 가격이 가능한지를 고객에게 설명하면서 광고를 시작했다. 기존의 화장품 가격에 거품이 무척 많아서 이를 제거할 수 있다는 광고를 하여 소비자를 설득하였으므로 초저가에 제품을 판매할 수 있었다. 만일 경쟁 등의 이유로 수요점화 가격 이하로 판매 기획을 하는 제품이 있다면, 소비자들이 불안하지 않도록 왜 그런 가격이 가능한지 반드시 설명해 주는 것이 선행되어야 그 제품이 팔릴 수 있다.

09

고객이 원하는 것을 읽어라

어느 날 자동차 부품을 만드는 한국의 A사에 재미있는 팩스가 날아들었다. 델파이라는 회사에서 4명이 공장을 견학하기 위해 한 달 뒤 이틀간 방문하겠다는 내용이었다. A사는 20대 대기업군에 속한 대기업의 계열사로, 한국의 완성차 업체인 H사와 일본의 M사에 부품을 납품하고 있었다. 당시 팩스를 받은 직원은 내용이 영어였기에 미국회사라는 것은 알았지만 어떤 회사인지는 몰랐다. 막연하게 "방문하면 회사를 보여주면 되겠지"라는 생각만 가졌다.

그러던 중 자동차에 대한 전문 지식을 가진 마케팅 전공 교수가 우연히 A사를 방문했다. 우연히 델파이사가 다음 주 월요일 공장 시찰을 온다는 소식을 듣고 매우 놀라워했다. 델파이사는 GM의 계열사에서 독립한 부품 회사로, 엄청난 규모의 미국 회사였으므로 납품만 할 수 있다면, A사의 매출을 5배 정도 키울 수 있다는 이야기였다.

그러나 A사는 미국 수출 경험이 없어 델파이사에 대해 전혀 모르고 있었다. 교수의 지적에 회사의 사장은 마음이 급해졌다. 이미 목요일 저녁이라 준비 시간은 겨우 3일 정도 밖에 없었다. 델파이사에서 보낸 팩스를 다시 살펴보니, 점검을 원하는 항목은 300개가 넘었다. 3일에 모든 항목을 준비한다는 것은 불가능했다. 델파이사는 모든 항목을 점검한 후 납품불가(Red), 일부 시정 시 납품 가능(Yellow), 납품 가능(Green)의 3가지 평가를 내린다고 했다. 여러 곳에 전화를 해보니 A사보다 훨씬 큰 회사도 델파이의 방문을 받았다가, 납품 불가(Red) 판정을 받았다는 소식도 들었다. 회사의 매출을 5배 키울 수 있는 기회를 부하직원의 무지로 놓치게 되었다는 생각에 사장은 크게 실망하여 망연자실할 수밖에 없었다.

사장과 친했던 그 마케팅 교수는 “제가 평가를 좋게 받아볼 테니, 점검과 관련된 팀을 내일 오전에 소집해 주십시오. 방법이 있을 것입니다” 라며 도움의 손길을 내밀었다. 사장은 지푸라기라도 잡는 심정으로 관련 부서 담당자들을 불렀고, 교수는 어떤 지시를 내렸다. 직원들은 3일 동안 열심히 그 일을 해냈다. 그 결과, 훨씬 큰 회사가 오랫동안 준비해도 받지 못했던 등급인 일부 시정 시 납품 가능(Yellow)등급을 받았다. 과연 어떻게 했을까?

✎ 여러분이 생각하는 답을 적어보세요

➠정답은 101페이지에

교훈

고객이 어떤 이야기를 할 때, 이야기 자체에 너무 관심을 기울여서는 안 된다. 고객은 가끔 진정으로 원하는 것을 말하기보다 그저 현상만을 이야기하기 때문이다. 진정한 마케터는 고객이 무엇을 우리에게 말하고 싶은지를 제대로 파악해야 한다. 이 A사의 경우 고객이 원했던 것은 「기술력」과 「신뢰」였다. 300여개가 넘는 점검항목들은 그것에 대한 그림자에 지나지 않았다.

10
중국인 푸대접한 설렁탕

어느 날 중국 유학생과 대화를 하다가 들은 이야기다. 그 학생이 한 한국 기업에 방문한 중국 바이어들을 통역해 주는 아르바이트를 하고 있었을 때의 이야기였다. 어느 날 그 학생은 학교에 수업이 있어서 수업을 마치고 오후 2시쯤 그 한국 기업에 방문한 중국인 바이어들을 만나러 갔다고 한다. 그런데, 그 중국 바이어들의 기분이 몹시 좋지 않게 보였다. 그래서 그 친구는 그 연유를 물었더니 그 바이어들은 이렇게 답하였다.

"이 한국 기업에서 우리에게 점심을 사주었는데 아마 우리 한데 큰 관심이 없는 것 같네"

"점심으로 무엇을 드셨는데요?"

"뭔지는 모르겠는데 국수 아주 조금이랑 아주 얇은 고기 두 쪽을 멀건 고기국물에 담아서 한 그릇이 나오고, 무 두 쪽을 조금 요리해서 따로 담아서 주던데. 그리고 밥을 주었어. 배가 고파서 먹기는 했는데 지금도 배가 고프네. 아무래도 우리 한데 이렇게 푸대접 해주는 것으로 봐서, 우리에게 상품을 줄 생각이 없는 것 같아"

이 친구는 도대체 묽은 고기 국물에 국수 조금과 얇은 고기가 있는 요리가 무엇인지 궁금했다. 또, 왜 한국 기업이 상품을 사러 온 중국 바이어에게 이렇게 대접했는지 궁금해졌다. 과연 한국 기업은 무엇을, 어떤 생각으로 이 중국인 바이어들에게 대접했을까?

✎ 여러분이 생각하는 답을 적어보세요

____

____

____

____

➠정답은 101페이지에

이론 국제화가 급격히 진행되면서 우리는 여러 나라의 사람들과 마주치는 일이 많아지고 있다. 이때 가장 중요한 것은 해당 나라의 문화를 이해하는 일일 것이다. 마케터는 항상 "소비자의 시각"으로 자신의 기업이나 상품을 바라봐야 할 필요가 있다. 중국의 경우 음식은 매우 중요한 요소이다. 또한 깔끔하고 소박한 음식보다는 많이 차려진 음식, 또 상대편이 먹다가 못 먹을 정도로 많이 대접하는 것이 예의이다.

응용문제

어느 날 중국 유학생들이 우리 신고 배가 무척 맛있다고 이야기를 하는 것을 보고 필자는 이런 질문을 한 적이 있다. "이 배를 중국에 수출하면 어떨까요?" 그러자 중국 유학생들은 눈이 동그래지면서 이런 답을 하였다. "어떻게 이걸 혼자 먹어요?" 대체 무슨 뜻으로 이렇게 말한 것일까?

중국에서는 배[梨 : 배나무 이]의 발음이 이별할 때 쓰는 이[離 : 떼놓을 이]와 발음이 같다고 한다. 그래서 중국에서는 배를 나누어 먹으면 이별을 하게 된다는 속설이 있다. 그런데, 우리의 배는 무척이나 크고 비싸다. 이런 배가 맛있기는 하지만 혼자 먹기는 어려운 것이다. 중국 사람들이 우리나라의 배가 아무리 맛있다고 할지라도, 우리의 배를 중국에 수출하기 위해서도 역시 중국 문화를 이해하고 이에 대한 대책을 세우는 것이 필요할 것이다. 다른 상품도 마찬가지다. 우리의 눈으로 보기에는 좋을지 몰라도, 외국 사람들은 전혀 다른 시각으로 볼 수 있다는 것을 항상 기억해야 할 것이다.

11
인스턴트 커피 판매전략

인스턴트 커피가 미국시장에 처음 도입되었을 때의 이야기다. 갈아서 마시는 전통적인 원두커피와 달리 손쉽고 신속하게 만들 수 있다는 장점 때문에 제조 회사는 큰 기대를 걸었다. 그런데 의외로 소비자들의 반응은 매우 냉담했다. 회사는 왜 소비자들이 제품을 구매하지 않는지 시장조사를 실시했다. 그 결과 많은 소비자들이 인스턴트 커피는 맛이 없다고 응답했다. 여러분이 그 회사의 마케팅 담당자라면 어떻게 대응하겠는가?

만약 "소비자들이 맛이 없다고 했으니 현재의 제품과는 다른 맛의 신제품을 만들어야겠다"고 한다면 창의적 마케터는 되지 못한다. 그 이유는 대부분의 마케팅 담당자들은 제품을 시장에 내놓기 전에 당연히 사전조사를 하게 된다. 물론 인스턴트 커피회사도 당연히 전통적인 원두커피의 맛과 비교해 보는 시음조사를 했고, 그 결과 많은 사람들이 인스턴트 커피와 원두커피의 맛을 구별하지 못했다는 것을 알고 있었다. 따라서 소비자들의 맛이 없다는 응답은 이해가 가지 않는 것이었다. 그러면 이 문제를 어떻게 해결했을까?(출처: 임종원 외 "소비자 행동론" p.68~69)

✎ 여러분이 생각하는 답을 적어보세요

___

___

___

___

➠정답은 102페이지에

교훈

영어에서 시장조사는 Marketing Search가 아닌 Marketing Research라는 용어를 사용한다. Research는 'Re'와 'Search'가 합쳐진 말로 'Re'는 'again and again' 즉 '다시 한 번 더'라는 의미를 지니고 있다. 조사를 한번으로 끝내는 것이 아니라 그 근본원인을 밝히기 위해 한 번 더 조사한다는 것이다. 앞의 사례에서 보듯이 소비자들은 인스턴트 커피에 대해 그냥 맛이 없다고 응답했지만 진정한 원인은 아니었다. 만약 그 결과를 그대로 받아들여 제품의 맛을 바꾸려 했다면 인스턴트 커피는 계속 실패를 거듭했을 것이다. 그러나 한 번 더 조사를 함으로써 왜 성공하지 못했는지 근본원인을 파악하고 그것을 해결했던 것이다.

12
'가격이 싸다'는 의미

아는 갓 결혼한 누님 한 분이 할인점의 광고 전단을 보다, 문득 이야기를 건네 왔다.

"할인점에서는 왜 이렇게 대파를 비싸게 파니?"

"아무렴 광고 전단에 비싼 상품을 냈겠어요?"

"파 한 단이 1980원이래. 동네 시장에 가면 파 한쪽에 500원이면 살 수 있어."

"파 한 단은 최소한 10쪽은 돼요. 계산해 보면 할인점 파는 한쪽에 198원인데요? 결국 할인점이 싸잖아요."

"네가 살림을 안 해봐서 잘 모르는 것 같다. 할인점이 비싼 거 맞아."

도대체 왜 이 누님은 500원짜리 대파 한쪽을 파는 동네 시장이, 10쪽이 넘는 한단에 1,980원을 받는 할인점보다 싸다고 했을까?

✎ 여러분이 생각하는 답을 적어보세요

➠정답은 103페이지에

교훈

생산자나 판매자들은 상품에 붙이는 숫자, 즉 「가격」에 관심이 많다. 하지만 소비자에게는 가격표에 적혀있는 숫자가 아닌 "비용"이 중요하다. 집 앞 구멍가게에서는 우유 한통이 2,000원이고, 차를 타고 4km쯤 가야하는 할인점 우유가 1,500원이라고 하자. 당장 우유 한통만 필요하다면 어디서 구매하는 것이 합리적일까? 가격은 비싸도 집 앞에서 사는 것이 「비용」을 아끼는 방법이다. 이를 자세히 살펴보면 고객은 싸게, 생산자는 비싸게 가격을 책정하는 원리가 숨어있음을 알 수 있다.

응용문제

몇 년 전 서울 근교에서 포도 체험농장을 운영하는 농민에게서 다음과 같은 질문을 받은 적이 있다. "저희 집에 한번 왔다가 포도를 가져가신 분들은 그 맛을 잊지 않고 전화주문을 해요. 그러면 오셨을 때 사간 금액대로 한 박스에 2만원을 받고 보내곤 했습니다. 어느 날 한 고객이 2만5천원을 줄테니 좀 좋은 포도만 담아달라고 부탁을 하지 않겠어요? 그래서 좀 좋은 것으로 담아 2만5천원에 보냈지요. 그 다음부터 고객들이 전화를 하면 2만원과 2만5천원짜리가 있다고 미리 말했습니다. 재미있는 것은 거의 모든 고객이 2만5천원짜리를 보내달라고 하는 거예요. 보지도 않고 말이지요. 왜 그런지 이유를 설명해 줄 수 있나요?" 왜 고객들은 그랬을까?

왜 고객들이 비싼 포도를 선택했는지 알기 위해서는 우선 고객이 무엇을 사려하는지 명확하게 보아야 한다. 고객들이 사려고 한 것은 주변의 할인점 등에서 구매할 수 있는 저렴한 포도가 아니다. 좀 비싸더라도 그 체험 농장에서 맛보았던 추억이 어려 있는 그 "맛있는 포도"다. 하지만, 문제는 그 농장에서 어떤 포도를 보내줄지 소비자는 알 수 없기 때문에 불안해한다. 만일 소비자들에게 5천원을 더 지불하면 이러한 불안감이 없어질 것이라는 신뢰를 줄 수 있다면, 소비자들은 당연히 5천원을 더 지불하게 된다. 확실한 상품을 구매하기 위해 직접 그 농장을 다시 방문하는 것보다는 훨씬 싸기 때문이다.

상품을 만들고 팔 때는 항상 고객의 비용을 먼저 생각해 봐야 한다. 고객의 비용을 최소화하면서 내 가격을 최대한 받을 수 있도록 상품을 포장하고 판매하는 것. 이것이 고객과 생산자에게 모두 혜택을 돌리는 현명한 가격 전략이 될 수 있다.

13
고객의 마음을 읽어라

어느 회사의 사장이 산을 하나 샀다. 그 산에 나무를 심어야겠다는 생각에 조경업자에게 3,000그루를 심어달라고 했다. 조경업자는 나무를 심은 후 "일을 다 끝냈고, 3,000그루를 심었다"고 알려왔다.

하지만 사장은 아무래도 그 업자가 못미더워서 신입사원에게 실제로 3,000그루가 심어져 있는지 확인을 하라고 시켰다. 그러면서 나무를 셀 때 분필로 그어가면서 확인을 하면 중복되는 일이 없을 거라며 분필을 하나 주었다. 신입사원은 하루 동안 일을 하다가 도저히 세지 못하고 회사를 그만 둬 버렸다. 사장은 이번엔 오랫동안 함께 일해 온 비서에게 그 일을 시켰다. 그런데 그 비서도 산에 가보니 3,000그루를 세기란 너무도 막막하였다.

여러분이라면 어떻게 이 일을 해결하겠는가.

✎ 여러분이 생각하는 답을 적어보세요

➠정답은 104페이지에

교훈

그 비서는 고객(사장)이 진정으로 원하는 것이 무엇인지 알고 있었다. 사장이 나무를 세어보라고 한 것은 정말로 3000그루가 있는지 알고 싶은 것이 아니라 산에 심은 나무는 3000그루가 안된다고 생각한다는 것을 알았다. 그 나무의 실제 숫자는 상관없이 사장이 원하는 것을 해결한 셈이다.
고객의 요구를 곧이곧대로 들어주는 것도 하나의 방법이지만 시간의 가치를 생각해야 하는데, 결국 우리의 목적은 짧은 시간 내에 고객을 만족시키는 것이다. 고객은 만족시키기까지 엄청난 돈이 들어간다면 희생이 너무 커진다. 그러나 이 비서는 가장 효율적으로 문제를 해결했다. 창의적 마케터는 문제해결 방법이 남다르다.

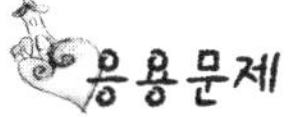

일부 소매점들은 고객이 맘에 들어 하지 않으면 언제든지 「반품」할 수 있음을 주요한 판촉 전략으로 내세운다. 「반품」한 상품은 대부분 제대로 팔 수가 없어 결국 소매점의 손해로 돌아온다. 그런데도 왜 자유로운 「반품」을 판촉 전략으로 사용할까?

「반품」이 자유로우면 고객들은 망설임 없이 상품을 구매한다. 구매 장벽을 낮추는 효과가 있다. 나중에 마음에 들지 않으면 언제든지 「반품」할 수 있기 때문이다. 하지만 실제로 고객들이 「반품」하기란 쉽지 않다. 반품하는데 시간 비용이 들기 때문이다. 따라서 「반품」정책은 이러한 고객들의 시간 비용을 활용하여 매출을 늘리기 위한 전략이다. 이 때문에 「반품」을 악용하는 고객들에 대한 대처 방법만 확보할 수 있다면 자유로운 반품은 소매점의 매출을 높이는데 많은 도움이 된다.

14
코카콜라 이야기

1980년부터 1984년까지 펩시콜라 회사는 블라인드 테이스트(blind taste) 테스트를 시행한 적이 있었다. 소비자들의 눈을 가리고 펩시와 코카콜라를 시음하게 한 뒤 더 맛있는 콜라를 선택하도록 했던 것이다. 그 결과 소프트 드링크 소비자들이 펩시콜라의 단맛을 코카콜라보다 더 좋아한다는 결과를 얻었다. 펩시는 이를 토대로 대대적인 캠페인을 벌여 코카콜라의 아성을 깨고자 하였다.

이러한 펩시의 행동에 대해 코카콜라는 처음에는 광고를 늘려 자기 제품의 우월성을 주장하였다. 그러나 코카콜라의 자체 시음조사를 통해 소비자들이 보다 단맛의 콜라를 좋아한다는 것을 알게 되었다. 이에 따라 코카콜라사는 단맛이 다소 더 나는 새로운 제품을 개발하였다. 코카콜라는 신제품이 과연 성공할 수 있는지 시장 조사를 하였다. 3년에 걸쳐 실시한 블라인드 시음조사에 20만명의 소비자들을 참여시켰고 55%의 사람들이 신제품을 선호한다는 결과를 얻었다.

당시 코카콜라 사장이라면 이 결과를 토대로 어떤 의사결정을 내렸을까?

✎ 여러분이 생각하는 답을 적어보세요

➡정답은 104페이지에

교훈

상품을 판매할 때 소비자들이 제품을 오직 좋은 기능으로만 선택할 것이라는 생각을 가진다면 너무나 좁은 생각이다. 종종 어떤 제품들에는 그 제품이 가지는 상징적 의미가 존재한다. 이러한 상징적 의미가 제품과 결합되어 소비자들의 선호에 영향을 미치게 된다.

제안

여러분이 판매하고 있는 제품에는 어떤 상징적 의미가 연결되어 있는지 동료들과 토의해 보자. 만약 아무런 상징적 의미가 없다면 어떤 상징적 의미를 부여할 것인지 생각해 보자.

15
관습 가격

미국에서 P사와 S사라는 두 회사가
화장실용 두루마리 휴지 시장을 석권하고 있을 때였다.

K사라는 페이셜 티슈(고급 화장용 휴지)업체가 새롭게 시장에 진입했다. 당시 두루마리 휴지의 가격은 4개에 1.5달러였다. K사는 일정한 시장점유율을 확보하기 위해 고급 화장지인데도 휴지 4개를 0.99달러에 판매하기 시작했다. 그래서 나머지 두 회사도 가격을 내려 결국 화장지 4개가 0.99달러의 가격에 팔리게 되었다. 0.99달러는 어떤 회사도 수익이 날 수 없는 가격이었다.

이처럼 1년간에 걸친 무한 가격경쟁 끝에 3개사는 출

혈 경쟁의 중지에 합의하고 가격을 1.5달러로 되돌렸다.

그러나 문제는 소비자들이었다. 이미 머릿속에 화장지의 가격은 4개=0.99달러라고 각인이 된 것이다. 그 결과 다시 1.5달러로 가격이 오른 3개사의 제품을 사지 않았다. 대신에 보다 가격이 싼 대형할인점의 자체브랜드(PB)상품만을 구매하기 시작했다. 가격을 0.99달러로 하면 상품은 팔리지만 수익이 남지 않고, 1.5달러로 하면 상품이 팔리지 않는 문제에 부딪쳤다. 3개사는 이 난관을 어떻게 극복했을까?

✎ **여러분이 생각하는 답을 적어보세요**

➠정답은 105페이지에

교훈

소비자들에게 어떤 가격이 한번 각인되면 가격을 올리기가 어렵다. 이것을 마케팅에서는 "관습가격"이라고 한다. 예를 들어 껌 값이 100원이라고 생각하고 있을 경우, 150원이나 200원으로 올리면 즉각적으로 비싸다고 생각하여 사지 않는다.
이러한 "관습가격"을 깨는 전통적 방법은 껌의 가격을 올리는 것이 아니라, 100원짜리 제품에 들어 있는 껌의 개수를 줄이는 일이었다. 처음에는 9개가 들어있던 제품이 하나씩 줄어 어느 날 5개로 되게끔 한다. 그 다음 눈에 보이는 가격을 올릴 때는 11개가 있는 200원짜리 껌을 출시하는 전략이다.

응용문제

10년 전 쯤에는 라면회사들이 300원짜리 컵라면을 주로 팔고 있었다. 시간이 흐르면서 제조원가가 올라가 컵라면의 가격을 올려야 하는 문제가 생겼다. 500원짜리 고급 컵라면을 출시하여 수익을 올리고자 했으나, 컵라면=300원이라고 알 고 있는 고객들은 500원이 비싸다고 생각해 팔리지가 않았다. 수익구조 개선을 위해서 500원짜리 컵라면을 꼭 팔아야 한다면 판매전략을 어떻게 세워야 할까?

고객의 관습가격을 깨기 위해서는 다양한 전략이 가능하다. 예를 들면 1,000원짜리 고급 생라면을 출시하는 것도 많이 볼 수 있는 방법이다. 훨씬 비싼 고급라면을 출시함으로써 500원의 가격이 비싸지 않다는 것을 보여주는 것이다. 또한, 극단적인 가격을 선택하지 않는 한국 소비자의 특성을 고려해 본다면 300원과 500원짜리 라면만 진열되어 있는 것보다는 1,000원짜리 라면을 함께 진열하는 것이 500원짜리 라면 판매에 도움이 될 수도 있다. 이외에도 고객의 관습가격을 깰 수 있는 방법은 많다.

16
유엔묘지 단장공사

6·25전쟁이 한창이던 1952년 12월, 고 정주영 현대그룹 명예회장은 부산의 유엔군 묘지 단장 공사를 맡았다. 전쟁 중이라 뗏장(잔디) 한 조각 입힐 겨를도 없어 묘역은 흙바닥 그대로 황량하기 짝이 없었다. 그런데 각국 유엔사절들의 참배 계획이 잡혔다. 발등에 불이 떨어진 미8군 사령부는 참으로 난감해하면서 엄동설한이긴 하나 묘역을 파랗게 단장해 줄 수 없느냐는 기상천외한 주문을 하기에 이르렀다. 한겨울에 천도복숭아 구해 내라는 식이니 아뜩할 뿐이었다. 게다가 시간도 넉넉하지 않고. 정 회장은 참으로 당황스러웠다. 참배는 닷새 후였다. 정 회장은 어떻게 이 난제를 해결했을까?(출처: 정주영(1992), “시련은 있어도 실패는 없다,” 서울,

현대문화신문사. P.82~83)

✎ 여러분이 생각하는 답을 적어보세요

____

____

____

____

➠정답은 105페이지에

교훈

스스로 고정관념을 깨버릴 필요가 있다. 묘지 단장을 생각할 때 우리는 항상 잔디를 깔아야 한다고 생각한다. 그러나 고객의 평가기준은 다를 수 있다. 상품을 구매하는 것은 고객이지 내가 아니다. 따라서 고객이 원하는 부분을 중심으로 제품을 만들어 납품하는 것이 중요하다. 중요한 것은 내가 아니라 바로 고객이다.

응용문제

우리가 요즘 집에서 흔히 볼 수 있는 에어컨은 크게 「벽걸이형」 에어컨과 거실 등에 주로 설치하는 좀 큰 「스탠드」형으로 나뉜다. 사람들은 보통 벽걸이형보다는 스탠드형을 선호한다. 똑같은 냉방력에 같은 평수에 적용되는 에어컨일지라도 스탠드형이 좀 더 비싸다. 그 이유는 세계적으로 벽걸이형이 더 많이 팔리고 있기 때문에 벽걸이형은 대량생산에 따른 비용 절감이 가능하기 때문이다. 과거에

12평형의 경우 벽걸이형이 70만원정도였다면 스탠드형은 150만원 정도였다. 그런데, 어느 날 한 에어컨 회사의 직원이 스탠드형의 가격을 획기적으로 낮출 수 있는 간단한 방법을 개발하였다. 그 결과 70만원이 넘던 가격차를 20만원정도로 줄일 수 있었다. 그 직원의 아이디어는 어떤 것이었을까?

그 직원은 스탠드형 에어컨의 껍데기만 만들어서 그 안에 기존에 생산되어 있는 벽걸이형 에어컨을 집어넣자는 의견을 내었다. 스탠드형 껍데기의 생산비는 10여만원 선이었다. 또 충분히 크기 때문에 기존의 벽걸이형 에어컨을 집어넣는 것은 문제가 없었다. 따라서 스탠드형 모양에 실체는 벽걸이형 에어컨이 탄생하였고, 이 에어컨은 저렴한 가격으로 인해 많은 매출을 올릴 수 있었다. 소비자들이 「성능」이 아닌 「모양」을 더 원하는 것을 이해하여 성공한 결과라고 할 수 있겠다.

17
아스피린의 민감한 대응

두통약으로 유명한 타이레놀이 처음 시장에 진입할 때의 이야기이다. 당시 타이레놀은 다음과 같은 제품 홍보광고를 냈다.

"복통을 자주 경험하는 분, 또는 궤양으로 고생하는 분, 천식, 알레르기, 빈혈증이 있는 분은 아스피린을 복용하기 전에 의사와 상담하시는 것이 좋습니다. 아스피린은 위벽을 자극하고 천식이나 알레르기 반응을 유발하며 위장에 내출혈을 일으키기도 합니다. 다행히 여기 타이레놀이 있습니다."

그러나 이 광고는 생각보다 소비자한테 별로 좋은 반응을 불러일으키지 못했다. 사실 모든 새로운 상품은 예전 것보다 좋다고 광고하기 때문이다. 이 광고에 적극적으로 반응한 것은 바로 아스피린을 만들던 회사였다. 이 광고를 본 아스피린 제조사는 타이레놀의 광고에 반박하는 다음과 같은 광고를 신문에 게재했다.

"타이레놀이 아스피린보다 더 안전하다고 판명된 적은 없습니다. 어떠한 정부기관의 발표에서도 타이레놀의 그 같은 주장의 근거는 찾아볼 수 없습니다(No, Tylenol is not found safer than Aspirin, No, basis for Tylenol claim, reports U.S. Government agency)."

그런데 이 광고는 소비자들의 폭발적인 반응을 얻었다. 그 뒤 타이레놀의 수요는 폭발했다. 도대체 무슨 일이 일어났던 것일까?

✎ 여러분이 생각하는 답을 적어보세요

____

____

____

____

➠정답은 106페이지에

교훈

광고를 통해 우리가 고객에게 전달하려는 것과 실제 고객들이 받아들이는 것에는 차이가 있을 수 있다. 이를 마케팅에서는 노이즈(noise)라고 한다. 어떠한 광고 메시지를 만들 때 우리는 이러한 노이즈가 어떠한 역할을 하는지에 대해 반드시 고려해야만 한다.

응용문제

90년대 한국의 A항공사가 여러 가지 사고를 일으킨 적이 있었다. 경쟁사인 B항공사는 이를 활용하여 자신의 항공사를 「안전한 항공사」라고 광고하기 시작했다. 이는 적절한 광고였을까?

B항공사의 광고인 「우리가 다른 항공사보다 안전합니다」라는 광고는 사고가 많이 났던 A항공사를 타던 고객들을 B항공으로 돌리려는 의도였을 것이다. 하지만, 실제로 항공기 이용 고객을 전체적으로 줄이는 효과를 냈을 뿐이다. 항공기 사고가 몇 번 일어난 다음이라 「안전」하다고 광고를 해도, 고객들의 머릿속에는 이전에 일어났던 비행사고가 떠오를 뿐이었다. 결국 B항공사는 이 광고를 조기 중단하였고, 다시 보다 나은 서비스를 강조하는 광고로 교체했다.

18
1등만이 살아남는다

프랑스에서 포도주를 생산하는 어떤 지방의 주민들은 늘 자신들의 땅을 원망했다. 척박한 땅 때문에 좋은 포도주를 생산할 수 없었던 것이다. 보통 포도주는 오래 숙성시킬수록 맛이 좋아져야 하는데, 그 지방에서 생산된 포도주는 몇 달 지나지 않아 맛이 떨어지기 시작했다. 그해 생산된 포도로 포도주를 만들면 겨우 다음해 5월까지만 팔 수 있었던 것이다. 사람들은 포도주를 빨리 팔기 위해 가격을 싸게 받을 수밖에 없었다. 어느날 새로운 아이디어가 이 지방에 퍼지게 되었다. 이 포도주는 빨리 숙성되기 때문에 빨리 맛이 시어진다는 사실을 알게 된 것이다. 즉, 빨리 맛이 시어진다는 것과 빨리 숙성된다는 것이 마치 동전의 양면과 같다는 사실을 알게 되었다. 그러나 사람들은 이 사실을 마케팅에 적용하여 품질이 떨어졌던 이 포도주를 세계적으로 유명하게 만들었다. 과연 어떻게 했을까?

✎ 여러분이 생각하는 답을 적어보세요

____

____

____

____

➡정답은 106페이지에

이론 흔히 "세계에서 제일 높은 산은 어디일까요"라는 질문에는 대부분 "에베레스트입니다"하고 대답을 잘한다. 그러나 "세계에서 2번째로 높은 산은 어디일까요"라는 질문에는 선뜻 답하는 사람이 적다. 과연 세계에서 두 번째로 높은 산은 어디일까? 정답은 K2다. 또 다른 질문도 있다. "달에 처음 간 사람은?" "암스트롱입니다", "그럼 두 번째는?" "…." 사람들은 자신과 직접 관계가 없는 것들은 대개 한 가지만 기억하고 있다. 결국 우리가 기억할 수 있는 것은 1등 밖에 없는 것이다. 시장에서 수많은 기업들이 경쟁하고 있지만 결국 돈을 잘 버는 곳은 자신의 영역에서 1등하는 기업뿐이다. 끝까지 살아남을 수 있는 기업은 1등밖에 없는 것이다.

마케팅에서는 다행히도 1등을 하는 방법이 아주 많다는 점을 이야기해 준다. 유명한 코미디언인 고 이주일 선생은 어떻게 유명해졌는지 기억하는가. 바로 "못생겨서 죄송합니다"라는 말이다. 사실 절대적으로 볼 때 고 이주일 선생님이 못생겼다고 생각되지는 않는다. 그러나 장동건 같은 배우들과 비교했을 때 못생긴 것은 사실이다. 멋진 사람만 살아남는다는 연예계에서 이 씨는 어떤 전략을 취했는가. 잘생긴 외모를 갖기 위해 성형수술을 했을까? 그렇지 않다. 자신의 단점을 보완하지 않고, 다른 연예인이 따라오기 어려운 자신만의 장점을 찾았다. 그것은 연예인 중에서 「최고로 못생겼다」는 전략이었다. 사람들은 그래서 1등인 그를 기억하게 되었고 세상을 떠난 지금도 기억하고 있다.

제안

자신, 혹은 자신이 다루고 있는 상품은 1등을 하고 있는지 생각해 보자. 만일 지금 1등을 하고 있지 않다면, 어떤 측면에서 1등을 할 수 있는지 생각해 보자.

19
프링글즈의 차별화 전략

「프링글즈」라는 감자칩을 P&G가 새로 팔기 시작했을 때의 이야기다. 프링글즈는 당시 고객들의 의견을 들어 만들어낸 상당히 획기적인 제품이었다. 그 당시 감자칩 봉지는 튀긴 감자칩을 부서지지 않게 포장하기 위해 봉투에 공기를 가득 채웠으므로 부피가 무척 컸다. 부피가 큰 포장은 유통 비용을 증가시키는 요인이 되었으며, 최종 소비자들도 큰 봉지에 불만이었다. 그래서 P&G는 감자를 모두 같은 모양으로 튀겨내 원통에 담아 포장하는 프링글즈를 만들게 된 것이다. 출시 초기부터 이 제품은 인기를 끌며 팔렸다.

당시 미국의 일등 감자칩은 보덴(Borden)사의 와이즈

(Wise)라는 제품으로 그냥 감자를 얇게 썰어서 기름에 튀겨 봉지에 담아 파는 전통적인 것이었다. 프링글즈가 널리 팔려나가자 보덴은 다음과 같은 광고를 했다.

"와이즈는 감자, 식물성 기름, 소금으로 만들었습니다. 프링글즈는 건조감자, 단일 및 이중 글리세리드, 아스코르빈산, 뷰틸 수산 아니솔 성분이군요"

이 광고가 나가자 프링글즈의 매출은 추락하기 시작했다. 심지어 전에는 아무 문제없이 먹던 고객들도 "프링글즈는 마분지 씹는 것 같은 맛이 난다"고 이야기했다. 프링글즈도 반격에 나섰다. "프링글즈는 완전 자연식품입니다." 제품의 성분들이 모두 자연에서 추출한 것이라고 알렸다. 그러나 고객들의 마음을 돌리지는 못했다. 결국 프링글즈는 새로운 전략으로 이 난관을 극복하였다. 어떤 전략이었을까?

✎ 여러분이 생각하는 답을 적어보세요

➠정답은 107페이지에

교훈

마케팅에서는 이를 차별화라고 한다. 경쟁사와 똑같이 해서 이기려는 것은 매우 비용이 많이 들어가는 일이다. 마케팅 비용이 부족해도 충분한 시장이 존재한다면, 경쟁사와는 다른 방식으로 시장에 접근하는 것이 적절하다.

응용문제

10년 전쯤 한 회사에서 새로운 스포츠음료를 출시하였다. 기존의 스포츠음료는 시원함을 느낄 수 있도록 청색(포카리 스웨트)이나 녹색(게토레이)을 띠고 있었으며, 향 또한 시원함을 주도록 조정하였다. 그러나 이 회사가 만든 스포츠음료는 기존 제품과는 전혀 다르게 분홍색과 백색으로 포장재를 만들었으며, 향도 복숭아 맛이었다. 요즘도 상당히 잘 팔리고 있는 이 음료는 무엇일까? 왜 색다른 포장과 향을 넣은 제품을 만들었을까?

이 음료의 이름은 "2%부족할 때"이다. 당시 10~20대 여성을 대상으로 만들었다. 그냥 물을 마시기에는 별로 맛이 없어서 싫고, 콜라나 주스를 마시기에는 높은 칼로리가 부담스러워 망설이는 여성들을 겨냥해 만든 음료였다. 기존의 스포츠음료 시장이 아닌 여성들을 대상으로 만들어 광고와 판매에 나섰던 것이다. 그래서 여성들이 좋아하는 분홍빛과 복숭아향을 넣었다. 스포츠음료와 성분은 같았으나 목표 시장과 포지셔닝을 달리 했던 이 제품은 아직도 잘 팔리고 있다.

20
생판학과 판생학

한국의 한 대형 할인점에서 미국에서 잘 팔리는 과자를 수입하게 되었다. 납품업체는 미국에서 유명한 과자인데도, 대량 구매를 조건으로 납품가격을 매우 낮게 제시했다. 좋은 기회라고 생각한 할인점 측은 이를 대량으로 구매했는데, 문제는 그 다음이었다.

미국에서는 분명히 잘 팔리고 있는 제품이지만, 정작 한국에서는 팔리지 않았다. 대량으로 구매한 과자는 창고에서 파리만 날리고 있었다. 이 문제를 해결하기 위해 담당자는 한때 유명한 마케팅 컨설팅 회사에서 근무했던 한 직원을 찾았다. 그리고 제품의 판매 방법에 대한 상담을 요청했다. 그런데 담당자가 과자를 잘 팔 수 있는 방법을 묻자 그 직원은 "글쎄요. 그건 잘 모르겠네요. 저는 마케팅을 하고 있어서요"라고 대답하는 것이 아닌가? 담당자는 이러한 대답을 듣고 혼란스러워 졌다. 「마케팅이 잘 파는 방법을 연구하는 방법이 아니면 도대체 무엇이란 말인가」란 생각이 들었다. 이 전직 마케팅 컨설턴트가 한 말은 무슨 뜻일까?

✎ 여러분이 생각하는 답을 적어보세요

___

___

___

___

➠정답은 107페이지에

이론 이러한 마케팅의 개념을 설명해 주는 단어가 「판생학[販生學]」이다. 팔아놓고 그 다음에 생산한다는 뜻이다. 이의 반대말은 「생판학[生販學]」, 즉 생산해 놓고 판매하는 것이다. 생산해놓고 판매한 경우 대개 엄청난 비효율을 가져온다. 재고 비용 문제부터 시작해서, 최악의 경우 생산한 상품이 소비자의 욕구에 맞지 않으면 전혀 판매할 수 없게 되기도 한다. 최근 흔히 볼 수 있는 선진기업들은 「판생학」시스템을 사용한다. 예를 들면, 아파트는 먼저 분양(판매)하고 고객들의 돈을 받아서 짓는다. 인기 있는 자동차는 먼저 계약하고 돈을 낸 다음에 한두 달 기다려야 하는 것이 보통이다. 이런 「판생학」을 사용하는 기업에서는 상품을 팔지 못해서 문제가 생기는 경우가 별로 없다. 만일 미리 판매하기 어려운 상품이라면, 정확한 소비자 조사를 통해 소비자의 욕구를 정확하게 파악한다. 그리고 고객 욕구에 맞춘 제품을 만들도록 생산 부서에 지시한다. 성공한 기업들은 소비자의 욕구 조사에 많은 돈과 노력을 투자하여 팔릴 수밖에 없는 제품을 만들려고 노력한다. 이것이 경쟁사회에서 살아남기 위한 마케팅 개념인 것이다.

제안

우리 회사의 마케팅 시스템은 이미 생산한 것을 팔아야 하는 시스템인지, 혹은 판매될 것만 생산하도록 돕고 있는 시스템인지 한번 생각해 보자

21
약자의 경쟁 전략

아비스(Avis)는 미국에서 2위 그룹에 속하는 렌터카 회사였다. 항상 1등을 하는 허츠(Herz)를 이기려고 오랫동안 노력했다. 허츠보다 더 좋은 시스템을 갖추고자 했고 더 낮은 가격으로 고객을 끌어들이고자 노력했다. 그러나 도대체 허츠를 이길 수 없었다. 아비스가 따라오는 동안 허츠도 가만히 있지 않았던 것이다. 아비스가 따라오는 만큼 허츠도 앞으로 전진했다. 결국 승자는 늘 허츠였다.

더 좋은 서비스를 더 낮은 가격에 제공하려 했던 아비스는 당연하게 연속 적자에 시달릴 수밖에 없었다. 그러던 어느 날 아비스는 새로운 전략을 선택하여 허츠와는 다른 방법으로 경쟁에 나서기로 했다. 그 결과 아비스는 곧 흑자로 돌아서고 매출은 급성장했다. 어떻게 했을까?

✎ 여러분이 생각하는 답을 적어보세요

____

____

____

____

➠정답은 107페이지에

이론 마케팅에서 말하는 가장 좋은 경쟁 방법은 다른 방법으로 경쟁하는 것이다. 만일 대형 기업과 같은 방법으로 경쟁하면 절대로 그 기업들을 이길 수 없다. 덩치 큰 경쟁자에 맞서는 방법은 '다른 방법으로 경쟁'하는 것이다. 큰 기업들이 절대로 할 수 없는 것으로 경쟁해야 한다. 또는 그들이 만족시킬 수 없는 소비자를 공략하는 것이다. 이것이 가장 좋은 경쟁 방법이다.

응용문제

최근 할인점의 가격 파괴 전략 때문에 많은 슈퍼마켓들과 동네 야채·과일 가게들이 문을 닫고 있다. 하지만 최근 C야채가게라는 소

형 슈퍼가 급격하게 성장하고 있는 것을 볼 수 있다. 도대체 어떤 전략을 사용하였을까?

기존의 많은 슈퍼들은 할인점과 같은 방법으로 할인점과 경쟁했다. 할인점만큼 가격을 낮추려 했던 것이다. 그 결과 동네 슈퍼들은 결국 문을 닫을 수밖에 없었다. 왜냐면 할인점만큼 싸게 팔 수 없었기 때문이다. 엄청난 대량 구매를 하는 할인점을 동네 슈퍼가 가격으로 이기기는 불가능했을 것이다.

그러나 C야채가게는 할인점과 거의 반대되는 정책을 자신의 경쟁전략으로 삼았다. 야채, 과일, 생선 등을 파는 것은 같지만, 할인점과는 달리 비싸게 판다. 대신 오직 맛있는 야채, 과일 생선만 판다.

할인점은 구색을 갖추기 위해 모든 상품을 다 진열해 놓는데 반하여, C야채가게는 상품을 다양하게 갖추어 놓지 않는다. 주인들은 그날그날 도매시장에 가서 신선하고 맛있는 것만 사온다. 아무리 여름이라도 도매시장에 맛없는 수박만 들어오면, 그 날은 수박을 도매시장에서 사오지 않는다. 그냥 참외 같은 다른 좋은 과일만 판다. 수박을 찾는 고객에게는 "오늘은 수박이 맛이 없어서 안 사왔어요"라고 해명하고 참외를 사가라고 한다.

그 대신 파는 상품의 품질은 최상으로 유지한다. 구색을 갖춰야 하는 할인점은 할 수 없는 일이다. 할인점과는 달리 튼튼한 총각〈?〉들이 무료로 배달도 해준다.

할인점과는 정 반대의 방법으로 신선식품 판매시장에서 경쟁하고 있는 것이다. 이 슈퍼마켓은 할인점이 많은 지금도 엄청나게 빠른 속도로 많은 체인점을 내면서 발전하고 있다.

22 창의적 마케터는 윈윈 (Win-Win)을 생각한다

이명박 전 현대건설 회장이 소련을 방문했을 때의 일이다. 한 번은 고르바초프 대통령의 경제 특보로 있던 페트라코프라는 사람이 이명박 회장에게 와서는 고르바초프 대통령과 만나게 해 줄 수 있다고 했고 이명박 회장은 정주영 회장과 함께 고르바초프 대통령을 만나기로 되어있었다. 그런데 만나기로 한 하루 전날 러시아공화국 수상을 만나서 현대는 러시아 공화국이 필요로 하는 소모품을 공급하고 러시아 측은 물건값을 원자재로 지불하기로 명시하는 합의서에 서명했다. 이 날 합의서 내용에는 원자재 중에 석유도 들어가 있었는데 이것이 문제였다. 석유, 가스, 금과 같은 주요 지하자원은 소련연방정부가 직접 관할하게 되어 있었고 이를 현대는 알고 있지 못했던 것이다.

소련연방의 대통령이었던 고르바초프 대통령은 이 사실을 알고 이명박 회장과의 만남을 취소한다고 통보해 왔다. 그리고 앞으로 현대의 활동에도 협조하지 않을 것임을 알려주었다. 이명박 회장은 석유가 소련연방정부의 관할이라는 사실을 몰랐다고 항변했지만 페트라코프는 더 이상 귀를 기울여주지 않았다. 그 즈음 소련 연방 대통령 고르바초프와 러시아 공화국 대통령 옐친 사이에는 갈등의 골이 돌이킬 수 없을 정도로 깊어지고 있었던 것이다. 고르바초프와 대좌하기 직전에 취소 통보를 받은 정주영 회장은 여간 실망하는 것이 아니었다.

과연 이명박 회장은 어떻게 이 난국을 타계했을까?

✎ 여러분이 생각하는 답을 적어보세요

____

____

____

____

➡정답은 108페이지에

교훈

여기서 우리는 글로벌 시장에서 상대를 어떻게 설득시킬 것인가에 대한 교훈을 얻는다.

첫째는 윈-윈(Win-Win)이다. 상대가 우리와 거래를 했을 때 어떤 것을 얻게 될 것인가에 대해 알려주는 것이 중요하다. "양쪽 모두에 이윤이 생길 때 악수가 이루어진다"라는 말을 잊지 말자. 협상에 임하기전에 내가 이 거래를 통해 어떤 이익을 얻게 될 것인가를 고려하는 것도 중요하지만 상대방이 이 거래를 통해 어떤 이익을 가져가게 될 것인가를 구체적으로 파악하는 것도 매우 중요하다는 것이다.

둘째는 언어의 중요성이다. 모국어가 아닌 다른 나라의 언어로서는 미묘한 감정이 전달되지 못한다. 우리나라 말에 '말 한마디로 천냥 빚을 갚는다'라는 말이 있다. 말의 뉘앙스에 따라 가끔은 전혀 다른 결과를 가져올 수도 있는 것이다. 글로벌경제하에서 우리는 중국이면 중국어, 러시아면 러시아어를 모국어처럼 사용할 수 있는 인재개발에 관심을 기울여야할 것이다.

23
고객의 불만은 새로운 시장

전통적으로 할인점의 PB(유통점 자체 상표)는 가격을 싸게 한 상품이다. 계란의 경우도 PB를 붙여 싸게 판다.

어느 날 담당자에게 PB상품들의 매출을 올리라는 지시가 떨어졌다. 어떻게 하면 PB 계란의 매출을 올릴지 막막해진 그는 고객들에게 물어보기로 했다. 그 결과 주된 응답은 다음과 같았다.

“아무래도 할인점 자체 상표가 붙은 것은 품질이 좀 떨어진다는 느낌이 들어요.” “싸니깐 살 만해요.”품질이 떨어진다는 말에 다시 물었다. 그러자 “계란이 뭐 차이가 있나요? 좀 오래되면 품질이 떨어진다고 할 수 있겠지요"하고 답했다.

그 뒤 담당자는 PB 계란의 획기적인 판매 아이디어를 내게 되었다.
어떤 것이었을까?

✎ 여러분이 생각하는 답을 적어보세요

➡정답은 109페이지에

이론 고객은 두 가지 이야기를 했다.

하나는 "가격이 싸니깐 살 만해요"라는 칭찬이다. 이 점을 살리려면 보다 저렴한 가격에 계란을 팔아야 한다. 그러나 가격을 내리면 이익은 크게 준다.

또 하나는 "계란의 품질을 믿기 어렵다"는 불만이었다. 대부분의 고객이 계란이라는 상품에서 가장 중요한 것이 신선함이라고 여기고 있었다.

고객의 칭찬보다는 불만에 귀를 기울이는 것이 중요하다. PB 계란의 경우처럼 불만을 잘 듣고 이를 해결해 주면 새로운 시장이 창출된다. 고객의 칭찬은 달콤하다. 그러나 기업을 발전시키지는 못한다. 고객의 불만을 듣는 것은 아픈 일이지만, 그 속에 새로운 시장을 창출할 수 있는 기회가 숨어 있다.

이렇듯 고객의 불만을 잘 활용하는 기업은 항상 새로운 시장을 창출하여 보다 높은 수익을 올릴 수 있다.

제안

마케터의 시각에서 보면 세상을 사는 사람들은 많은 고객들을 가지고 있다고 생각한다.
내 상품을 사주는 소비자뿐만 아니라 직장상사, 부하직원, 가족들을 모두 고객으로 여긴다.
여러분의 고객이 이야기하는 불만은 무엇인가? 한번 그 불만에서 여러분들이 창출할 수 있는 새로운 시장은 어떤 것인지 찾아보도록 하자.

정답

01 그 자리는 모두가 싫어하는 자리였지만 선식을 팔기에는 가장 좋은 곳이었다. 왜냐하면 선식은 곡물을 볶은 뒤 그것을 갈아서 판다. 그런데 볶은 곡물을 갈 때 나는 고소한 냄새가 지하로 내려가는 사람들의 후각을 자극하게 된다. 실제로 사람들이 내려가면서 「어디서 이런 고소한 냄새가 나지?」 하는 말을 나누곤 한다. 그리고 그 곳은 식품매장을 찾는 사람이라면 누구나 무빙워크를 타고 아래로 내려가야 하므로 어떻게 보면 사람들의 발길이 많은 곳이기도 한 것이다. 즉 가장 많은 고객을 상대할 수 있는 최적의 자리였던 것이다.

02 선식업자는 20대 초반의 남자사원에게 매장 운영을 맡겼다. 보통은 주부사원이 그 일을 하는 경우가 많은데 그와 달리 20대의 젊은 남자사원을 고용했던 것이다. 그 당시 젊은 남성 판매사원은 주부사원들보다 인건비가 2배 이상이나 비싼 실정이었다. 그런데도 젊은 남성들을 고용했다. 왜냐하면 선식을 사러 오는 고객이 누구인가. 대부분 주부이기 마련이다. 주부들이라면 어떤 판매사원을 좋아할까? 더 이상의 설명이 필요 없는 부분이다. 이제는 혼자서 지나치게 튀면 해롭다는 생각으로 남들이 하는 대로 따르는 마케터는 사라질 수밖에 없다. 국제화 시대에는 남들처럼 해서 절대 성공할 수 없다. 하지만 새로운 시도에는 항상 위험이 따른다. 어떻게 안정적으로 새로운 마

케팅 전략을 세울 수 있을까? 해답은 고객에게 있다. 고객을 잘 관찰하여 그들이 원하는 일을 새롭게 시도해 나간다면 절대로 실패란 없을 것이다.

03 C할인점이 개점한 지 이틀째. 직원들은 힘없는 다리를 끌고 회사에 출근했다. 그런데 이게 웬일인가. 건물 정문에 커다란 태극기가 휘날리고 있는 것이 아닌가. 사정을 알아보니, 전날 말없이 사라진 점장이 밤새 고민을 거듭하다가 새벽에 커다란 태극기를 설치했다는 것이다. 태극기를 단 바로 그날부터 외국계 C할인점의 매출은 급격하게 곤두박질쳤고, G할인점의 매출은 급상승했다. 모두가 어려웠던 IMF 시절. 주민들은 '태극기'를 보며 그들이 가야 하는 할인점이 어디인지를 깨달았고, 외국계 C할인점에서 주는 작은 선물보다 더 중요한 것이 무엇인지를 알았던 것이다.

04 열흘 걸릴 수리기간을 사흘에 고쳐내면서 대신 수리비를 다른 공장보다 더 많이 받았다. 그런 방식이 통했던 것은 당시 자동차를 발로 쓰는 사람들은 하루라도 빨리 수리가 되면 비용이 더 드는 것은 문제 삼지 않았다. 즉 고객들은 빠른 수리에 보다 높은 가치를 부여하고 있었고 그것을 정 회장은 간파했다.(출처: 정주영, "시련은 있어도 실패는 없다", 서울, 현대문화신문사, 1992. P.64~68.)

05 큰 태풍으로 사과의 수확량과 품질이 매우 떨어졌을 때, 그 농부는 나무에 붙어있는 몇 개 남지 않은 사과에서 특별함을 찾아냈다. 나무에 계속 매달려 있던 사과들을 '풍속 53.9m의 강풍에도 떨어지지 않은 행운의 사과'로 알리

며 대학입시 합격기원 상품으로 판매를 했다. 결과는 앞에서 말했듯이 대성공!

06 인터넷 포털 네이버는 지식검색 사이트를 통해 많은 고객을 확보했다. 그 과정에서 네이버가 한 일은 고객들이 지식을 서로 공유할 수 있도록 "방법"을 마련해 준 것이었다. 그 뒤 고객들이 올려놓은 엄청난 지식은 그대로 네이버의 귀중한 자산이 되었다. 다음 카페도 또한 커뮤니티를 형성할 수 있는 틀을 만들어 고객들이 활용하도록 제공했다. 고객들은 이 「틀」을 통해 커뮤니티를 형성함으로써 항상 다음에 접속할 수밖에 없었다. 이처럼 현대의 기업은 고객들을 활용하여 자산을 만들어 내고 있다.

07-1 포도를 100g단위로 무게를 달아서 판매하지 않고 박스로 판매하면, 포도 판매에 들어가는 비용은 획기적으로 줄어든다. 과거에는 10kg박스를 이용해서 포도를 저장했다. 이렇게 되면 포도는 피곤하다. 10kg박스에서 꺼내져서 진열대위에서 진열이 되어야 하고, 또 고객들이 고른 것을 다시 비닐봉투에 담아져야 했다. 이런 과정에서 포도는 유통과정 중 손실이 크게 일어났다. 5kg 박스를 활용하면 첫째 유통 과정 중 버리는 포도(로스)가 거의 없어지고, 둘째 포도 상자를 뜯어서 진열하고 무게를 달아서 가격을 붙이는 등의 일을 하는 사람이 필요 없어 인건비가 획기적으로 줄어든다. 그 당시 경쟁사는 당시에는 많이 쓰이지 않았던 5kg박스를 산지에 나누어주었고, 캠밸 포도를 5kg 박스에 담아서 산지에서 판매까지 일관되게 물류 처리를 진행하였다.

07-2 이는 다음의 3가지 소비자의 변화에 의한 것으로 볼 수 있다.

첫째, 할인점이 보편화되면서 고객들이 쇼핑할 때 자동차를 가지고 온다는 점.

둘째, 500리터 대의 대형 냉장고의 보급이 급격히 이루어져, 신선 식품을 보관할 수 있는 공간이 상당히 넓어졌다는 점.

셋째, 할인점의 등장으로 인하여 한 번에 대량 구매를 하는 것이 보편화 된 점을 들 수 있다.

이런 상황에서 필자의 할인점에서는 100g에 248원 짜리를 156원에 살 수 있는데 고객들이 경쟁사의 할인점에서 포도를 사는 것은 당연한 일이었다.

시장선도효과(first mover advantage): 필자는 이것을 보고 당장 5kg박스를 구해서 경쟁사와 똑같이 하고자 했지만 당장에 5kg 박스를 구하기가 힘들었다. 또한 5kg박스를 구해서 판다고 해도 고객의 머리 속에 새겨진 "경쟁할인점 = 더 싼 것을 파는 할인점"이라는 개념을 바꾸기 어려웠다. 필자가 소속된 매입팀은 텅 빈 매장을 보면서 한숨만 지을 수밖에 없었다.

08 무농약 대파의 가격 '980원' 앞에 '1'자를 더 붙여 놓고 떠났다. 무농약 대파 가격을 1980원으로 올렸던 것이다. 왜 고객들은 더 값이 싼 무농약 대파를 사지 않았을까? 소비자의 입장에서 생각해보면 쉽게 알 수 있다. 명백하게 더 좋은 물건인데 싸게 팔면 불안해하고 의심한다. '혹시 병에 걸린 대파가 아닐까' '시들어 버리려 하는 대파를 소생시킨 것이 아닐까' 하고 말이다. 이러한 불안을 없애주는

가격을 붙여야 소비자들은 비로소 믿기 시작한다.

09 교수는 우선 델파이사 직원들이 무엇을 점검할지에 대해 추측해 보았다. 단 4명이 이틀 동안 300개의 공장 시스템을 점검하기란 불가능하다고 생각했다. 또한 본인이 납품을 받는 입장이라면 어떻게 할지를 생각해 보았다. 가장 중요한 항목은 바로 "기술력"과 "신뢰"다. 그래서 300개의 항목을 다 준비하기보다 기술력과 신뢰를 보여주고자 했다. 델파이사의 직원을 맞은 첫날 오전에는 그 회사가 아니라, 회사가 속한 그룹의 규모와 그룹 내 각종 연구소에 대하여 설명했다. 대기업이 되기까지 기술력이 바탕이 된 신뢰를 지켜왔음을 인지시켰던 것이다. 아울러 미국에 차를 수출하는 일본의 M사와 한국의 H사에 들어가는 부품임을 알려, 이미 검증받은 제품임을 주지시켰다.
나아가 원활한 의사소통을 위해 하루 100만원이 넘는 고가의 전문 통역사를 고용했다. 델파이사 직원들이 이야기하는데 전혀 문제가 없도록 조치했던 것이다. 그 결과, 델파이 직원들에게 언제든지 정확하고 자유롭게 자신들의 불만을 A사에게 이야기할 수 있다는 믿음을 심어줄 수 있었다.
그 다음엔 단지 깨끗하게 청소된 공장을 보여주었다. 델파이 직원들은 이미 「신뢰」와 「기술력」을 확신했으므로 공장에서는 몇 가지 간단한 지적을 한 뒤 그 사항의 시정만 확인되면 자사에 납품해도 좋다는 평가를 내렸다.

10 그 중국 유학생이 물어본 결과 한국기업이 중국 바이어에게 대접한 그 음식은 "설렁탕" 이었다. 한국 기업은 한국

의 고유 음식인 설렁탕을 대접하고자 하였고, 그래서 깔끔한 한식당에서 설렁탕을 대접했다고 한다. 중국 바이어들이 말한 무 두 쪽은 바로 깍두기를 뜻하는 것이었다. 이에 상황을 파악한 이 유학생은 설렁탕과 한국 음식 문화에 대한 설명을 중국인 바이어들에게 하여 설득은 시켰지만, 중국인 바이어들이 탐탁지 않게 생각하는 것까지 바꿀 수는 없었다고 한다. 그 친구는 나중에 그 한국기업의 담당자들에게 중국의 문화를 설명하며, 다음번에 중국인 바이어들에게 대접을 하고자 할 때는 뷔페식당이나 혹은 많은 요리가 나오는 한정식을 해줄 것을 요청했다고 한다.

11 그 커피회사는 자사의 제품을 구매하지 않는 이유를 파악하기 위해 한 가지 방법을 개발하였다. 주부들에게 두 개의 쇼핑목록을 보여 주었는데, 한 개 항목을 제외하고는 동일한 것이었다. 공통 물품은 다음과 같았다.

- 햄버거 1.5파운드
- 원더빵 두 줄
- 럼퍼드 베이킹파우더 한 개
- 델몬트 복숭아 통조림 두 개
- 감자 5파운드

두 목록에서 유일한 차이는 커피로 하나는 인스턴트 커피, 다른 것은 원두커피를 넣었다. 대상 주부의 절반은 원두커피가 있는 목록을 보고, 다른 절반은 인스턴트 커피가 있는 목록을 보게 했다.

그 다음 각 목록을 가지고 시장에 가는 사람이 어떤 유형인지에 대한 생각을 간단히 적어보라고 하였다. 두 목록의 차이는 커피뿐이므로 차이는 인스턴트 또는 원두커피에 기인한다고 볼 수 있을 것이다. 그런데 그 결과는 놀랄만한 것이었다. 원두커피가 있는 목록의 경우는 그 사람이 검소하고 실제적이고, 요리하기를 즐기며, 현명한 가정주부일 것이라는 내용이 주로 언급되었다. 반면 인스턴트 커피가 있는 목록의 경우에는 늦잠자기를 즐기며, 게으르고 단정치 못하며, 되는 대로 살아가는 타입이라고 보았다. 따라서 소비자들이 원두커피를 구매하는 동기는 착하고 모범적인 가정주부가 되고 싶다는 욕구이고, 인스턴트 커피를 사지 않는 동기는 게으르거나 부주의하게 보이지 않으려는 것임을 알 수 있다.

따라서 인스턴트 커피의 판촉전략은 기존의 간편함을 강조하던 내용에서 적합성을 강조하는 쪽으로 바뀌었다. 인스턴트 커피를 대접하는 사람을 활동적이며 보살핌이 많은 주부로 묘사하는 광고를 채택함으로써 부정적인 인식을 바꾸려 했다.(출처: 임종원 외 "소비자 행동론" p.68~69)

12 맞벌이 부부들은 대개 주말에만 밥을 해 먹게 된다. 그래서 한주에 파 한쪽이면 충분한데 한단을 사면 많이 써야 두 쪽 정도만 쓰게 되고, 결국 나머지는 늘 쓰레기통으로 간다는 것이었다. 숫자로만 보면 10쪽에 1980원이 싸 보이지만, 2개 정도만 쓰고 나머지는 버리니 결국 파 한쪽을 990원을 주고 사는 꼴이 된다. 그러니 당연히 동네에

서 한쪽만 500원을 주고 사는 게 훨씬 경제적이다.

13 비서는 아이디어를 하나 생각해내곤 조경업자를 불렀다. "저의 사장님은 아무래도 나무가 3000그루가 안된다고 하시는데, 지금부터 정말 3000그루가 심어졌는지 분필로 하나하나 그으면서 세어 볼래요? 아니면 100그루만 더 갖다 심어주겠어요?" 업자는 곰곰이 생각하더니 100그루를 더 갖다 주었다. 왜냐하면 나무를 세는데 걸리는 시간의 가치보다 차라리 100그루를 더 갖다 주는 게 낫다고 생각했기 때문이었다.
그 다음 비서는 사장에게 가서 이렇게 말했다. "제가 세어 보았더니 100그루 정도가 모자라서 조경업자에게 100그루를 더 심어 달라고 했습니다. 그 쪽에서도 더 가져다 준다고 했습니다." 그러자 사장은 "그러면 그렇지. 내가 봐도 몇 그루 모자라는 것 같았거든"하고는 끝났다.

14 만약 55%의 소비자들이 새로운 맛의 코카콜라를 좋아한다는 결과를 보고 기존의 제품을 단종하고 새로운 맛의 코카콜라를 출시한다는 의사결정을 내리겠다고 생각했다면 이 사례로부터 많은 교훈을 얻게 될 것이다. 실제로 1985년 4월에 코카콜라사는 신제품 「New Coke」를 출시하였다. 그러나 이것은 실패로 끝났다. 그 이유는 기존의 콜라를 좋아하는 사람들에게서 엄청난 항의를 받게 된 것이었다. 당시 미국사람들은 코카콜라를 미국의 상징으로 여겼고, 기존의 코카콜라를 오랜 친구로 생각하고 있었다. 코카콜라 배급처에서는 기존의 제품을 다시 출시하라고 요구하기 시작했다. 결국 1985년 7월 코카콜라는 기존

의 콜라를 「Coca? Cola Classic」이라는 이름으로 다시 출시하여 1985년 말에 사람들이 가장 맛있다고 응답했던 New Coke는 팔리지 않아 결국 단종되었다.

15 3개사는 고객의 인식을 바꾸는 새로운 전략을 시도했다. 첫째 포장의 단위를 바꾸었다. 기존의 4개 단위에서 6개, 12개, 18개 등으로 포장단위를 바꾸어 기존 제품과 가격 비교가 어렵게 만들었다.
둘째로는 예전 제품, 또는 대형할인점의 자체브랜드와는 확실히 다른 제품임을 광고했다. 예를 들면 자사의 화장지는 포장에 표기된 대로 진짜 50m인 제품이고 일반 화장지는 표기보다 적게 감겨 있는 제품이라는 TV광고를 하고, 품질도 훨씬 좋다고 알리는 광고를 진행했다. 이렇게 고객의 인식을 바꾸는 전략을 적극 전개하여 다시 수익이 나는 가격으로 판매할 수 있게 되었다.

16 그는 미8군 사령부 측에 「풀만 파랗게 나 있으면 되는 거냐」고 물었다. 그러자 「그렇다」는 대답이었다. 정회장은 아이디어 값을 포함하여 실제 공사비의 3배를 요구했다. 10배라도 거절할 처지가 아닌 그들과 넉넉한 공사 실비 3배 값으로, 한겨울에 느닷없는 유엔군 묘지 녹화공사 계약을 체결하였다. 그 길로 정회장은 아랫사람을 시켜 트럭 30대를 사방에서 끌어 모아 낙동강 연안 남지, 모래질 벌판의 보리밭을 통째로 사서 파란 보리 포기들을 떠다 묘지에 심었다. 깊은 겨울에도 모래질 보리밭 보리 포기는 잘 떠졌다. 어쨌거나 파랗게 단장만 하면 목적 달성이었다. 유엔사절 일행이 와봤자 각국 사병 묘지에 꽃만 바

치고 돌아갈 텐데 파란 풀을 보고 이것이 보리냐 잔디냐 따지지 않을 것이라는 생각이었다. 미군 관계자들은 "원더풀, 굿 아이디어!"라며 감탄했다. 그 뒤론 미8군 공사는 손가락질만 하면 다 정회장의 것이 되어버렸다.(출처: 정주영(1992), "시련은 있어도 실패는 없다," 서울, 현대문화신문사. P.82~83)

17 아스피린 측의 의도와는 달리 소비자들은 아스피린의 광고를 보고, 오히려 아스피린이 뭔가 문제가 있기 때문에 이렇게 날카롭게 반응한다고 생각했던 것이다. 모든 새로운 상품이 주장하는 것들을 기존 제품을 생산하는 회사들이 일일이 반박하지는 않는다. 또 새로운 상품이 너무나 많기 때문에 그 주장을 모조리 반박할 수도 없다. 그런데, 유독 타이레놀의 광고에만 민감하게 반응한다고 소비자들은 느꼈던 것이다. 그 때문에 아스피린의 의도와는 달리 소비자들에게 타이레놀의 주장을 믿게 만들었고, 그 결과 아스피린은 두통약 시장에서 사라져 가기 시작했다.

18 이 포도주의 이름은 "보졸레 누보"다. 아마 많은 사람들이 들어봤을 것이다. 그 해에 생산된 포도를 처음으로 맛볼 수 있는 제품으로 유명해졌다. 세계적으로 11월 셋째주 목요일에 출시한다. 사실 품질은 그렇게 좋지 않다. 하지만 "빨리 숙성되는 것"으론 1등이었다. 사람들은 이 와인의 단점인 품질이나 빨리 상하는 문제를 보완하려 하지 않고, 오히려 빨이 숙성하는 장점을 내세워 1등으로 홍보하여 유명한 포도주로 만들 수 있었다.

19 프링글즈는 먹는 즐거움에 초첨을 맞추었다. 예를 들어 지붕이 없는 차를 타고 달리면서 프링글즈를 먹고 싶은 만큼 먹다가 뚜껑을 닫아서 뒷자리로 던진다든지, 감자칩을 10여 개 정도 포개 놓고 한 번에 깨물어 먹는 등의 이미지를 광고로 보여주었다. 이러한 이미지를 통해 그러한 행위가 재미있는 것임을 암시하였다. 과거의 봉지에 든 감자칩으로는 절대 할 수 없는 일이다. 봉지 감자칩을 먹다가 닫아서 차 뒷좌석에 휙 던질 수는 없다. 또한 일반 감자칩을 10개씩 포개서 먹을 수도 없다. 모양이 모두 제각각이기 때문이다. 이러한 전략은 성공해서 젊은 층이 즐기는 감자칩으로 다시 시장점유율을 높일 수 있었다.

20 마케팅은 판매와는 다르다. 이 사례에서 진정한 마케팅을 이야기 한다면, 그 맛없는 과자를 수입하지 않아야 한다. 안 팔릴 과자는 아예 구매하지 않는 것, 그것이 바로 마케팅이다. 맛없고 안 팔리는 과자를 심리적인 방법을 이용해서 소비자한테 팔아넘기는 것은 마케팅이 아니다. 가치 없는 것을 마치 가치 있는 것처럼 파는 행위. 그것은 "사기"라고 이야기해야 마땅하다.

21 아비스는 광고 문구로 고객을 설득하기 시작했다. "저희는 2등입니다. 그럼에도 불구하고 고객이 저희를 선택하시는 이유는 저희가 더 열심히 하기 때문입니다"라는 것이었다.

소비자들은 이 말을 수용하였다. 아무래도 상품의 품질이 1등보다 2등이 더 좋기는 어렵다. 하지만 누구나 2등은 1등을 따라잡기 위해 열심히 할 것이라고 생각하지 않겠는

가. 소비자들은 더 열심히 한다는 아비스의 광고에 공감했고, 아비스가 굳이 더 저렴하게 렌터카를 팔지 않더라도 '더 열심히 하는' 아비스를 선택하는 고객들이 늘어나기 시작했다.

22 첫째, 이명박 회장은 러시아어를 잘 하는 통역을 구하였다. 그 당시 진주 태생으로, 6.25 때 이북으로 가서 소련에 정착한 유학구라는 사람이 있었다. 그는 역사학자로 모스크바 국립연구소 동양과장이었다. 이명박 회장은 유학구씨를 대동하고 페트라코프에게 갔다. '한국으로 돌아가기 전에 마지막으로 할 말이 있다'는 말에 몇 번이나 면담요청을 거절하던 페테르코프는 면담을 허락했다. 왜 러시아어 통역을 구했을까? 이명박 회장은 페테르코프를 '인간적으로 설득'하고자 했다. 사람을 설득시키려면 인간적인 감정을 전달해야 하는데 러시아인에게 영어로 인간적인 감정을 전달하는 데는 한계가 있음을 이명박 회장은 간파한 것이다. 러시아인을 인간적으로 설득시키고자 하려면 러시아어를 할 수 있는 사람이 적격이라고 판단한 것이었다.

둘째, 이명박 회장은 현대와 소련과의 관계를 단절하는 것이 소련연방에 얼마나 큰 손실이 오는지에 대해 통역을 통해 설명했다. 그는 고르바초프 대통령을 만나지 못함으로 해서 현대가 많은 불이익을 당하겠지만 이는 현대만을 불이익이 아니라 소련에게도 큰 손실임을 이야기했다. 즉 현대와 소련연방과의 협력이 소련 연방에 어떤 이익을 가져다 줄 것인가에 대해 충분한 설명을 한 것이었다. 이것은 여러분들이 잘 아는 '윈-윈 (Win-Win)'전략이다. 이명박 회장은 그의 저서 '신화는 없다'에서 이렇게 쓰고 있다. "비즈니스는 결코 일방통행이 아니다. 양쪽 모두에 이윤이 생길 때 악수가 이루어진다." (p.290).(출처: 이명박, "신화는 없다", 서울, 김영사, 1995. P.306~11.)

23 "계란의 품질을 믿기 어렵다"는 고객의 이야기를 듣고 PB 계란이 오래되지 않았을까 하고 불안해한다는 것과 계란을 살 때는 신선함을 중시한다는 것을 알게 되었다. 그에 따라 모든 PB 계란에 생산 날짜를 찍기로 했다. 날짜를 찍는데 드는 비용은 계란 1개당 1.5원, 계란 한판(30개)에 45원이 추가로 소요되었다. 생산 날짜를 찍기 이전의 가격은 일반 계란이 2280원, PB 계란이 2080원 정도였다. 그러나 날짜를 찍은 뒤에는 PB 계란을 2480원으로 일반 계란보다 비싸게 책정했다.

또한 생산된 지 이틀이 지난 것은 팔지 않기로 했다. 어차피 매장에 들어온 계란은 이틀을 가지 않는다는 점에 착안한 것이다. 결과는 대성공! 고객들은 자신의 불안감을 해결해준 PB 계란을 가격이 비싼데도 불구하고 더 많이 사기 시작했고, 할인점 측은 계란 1판의 판매 수익을 155원 더 늘릴 수 있었다.

책을 다 읽고 나서

이 책을 다 읽으신 분들 중에서 '나도 이런 창의적 마케팅 아이디어로 높은 성과를 올린 적이 있는데'라고 하시는 분들은 저희 저자들에게 연락을 주시기 바랍니다(이메일 주소: lovehut21@hotmail.com). 저희 저자들이 판단해서 정말로 창의적 마케팅 사례라고 생각되면 다음 번 저희들이 발간하는 책 '창의적 마케터 (2)'에 귀하의 글을 실어드리겠습니다. 그리고 귀하는 저희와 함께 책의 공동저자가 될 것이며 책 판매에 따른 인세도 공동으로 분배될 것입니다.

저희의 목적은 창의적 아이디어로 시장을 개척한 창의적 마케터 (창마)의 사례를 우리나라 국민들이 공유하고 이를 통해 우리나라가 더욱 발전하기를 바라는 것입니다.